日蓮正宗の

葬儀と法事

※本書は『日蓮正宗の冠婚葬祭』から、「葬儀・法事」の章を抜粋したものです。

●＝アドバイス
●＝まめまめ知識

葬　葬儀・法事

法事

凡　例

一、本文中に用いた文献の略称は、次の通りです。

御　　書 ― 平成新編日蓮大聖人御書（大石寺版）

法 華 経 ― 新編妙法蓮華経並開結（大石寺版）

聖　　典 ― 日蓮正宗聖典（大石寺版）

一、難解な引用文には、できるかぎり通釈を加えました。

一、本書における内容や方法は、地域の慣習等によって異なることがあります。詳しくは、所属寺院の住職・主管にお尋ねください。

葬

葬儀

法事

葬儀

世間でも、人の一生は「棺《かん》を蓋《おお》いて事定《さだ》まる」と言われます。仏法では特に、今世《こんぜ》を終え、来世に生を受ける境目《さかいめ》に、妙法による回向《えこう》をしていただくかどうかは、故人にとってきわめて重要であると教えています。したがって「葬儀は、どの宗旨でも構わない」などと考えることは、あまりにも人の一生、その命を軽んじていると言わざるをえません。

日蓮大聖人は「ありとあらゆる仏は、皆、妙法蓮華経の五字によって成仏したのである」（法華初心成仏抄・御書一三二一ページ取意）と仰せられています。このお言葉に、故人が何によって成仏できるのかは明らかです。

アドバイス

臨終時の心構え

いざ臨終となると慌《あわ》てふためいて、忘れてしまいがちな心構えをまとめました。

- 病人が心を乱さないように、周囲を整理整頓《せいとん》しておくこと。
- 臨終の際に立ち会うのは、できるだけ少人数にすること。
- 世間話など、雑談を慎《つつし》むこと。
- 病人の執着《しゅうちゃく》心を誘う内容は、けっして話さないこと。
- 臨終の際は、病人の耳元でゆっくりと穏やかに唱題すること。

（病院など、場所によって臨機応変に）

家族が亡くなった時には（一例）

寺院への連絡

息を引き取ったら、まず所属寺院へ連絡します。

▼

葬儀社との打ち合わせ

寺院のご都合に合わせて、日程や式場・火葬《かそう》の時間等を打ち合わせます。その際、必ず日蓮正宗で葬儀を行うことを伝えます。

▼

枕《まくら》経《ぎょう》

故人のための、初めてのお経です。⬇12ページ

▼

寺院への葬儀申し込み

喪主《もしゅ》等が寺院に赴いて、正式に申し込みをします。この際、白木《しらき》の位牌《いはい》を持参することもあります。⬇14ページ

▼

湯《ゆ》灌《かん》・納《のう》棺《かん》

故人の身体を清め、棺《ひつぎ》に納めます。

↓16ページ

▼

通《つ》夜《や》の準備

会葬礼状や返礼品等を用意し、通夜の席次を決定します。

▼

通夜

僧侶をお迎えし、通夜を行います。

↓19ページ

▼

葬儀の準備

弔《ちょう》辞《じ》や弔《ちょう》電《でん》披《ひ》露《ろう》の打ち合わせをし、火葬場への車両やお弁当手配等の確認をします。

▼

葬儀

僧侶をお迎えし、葬儀を行います。

↓20ジペー

▼

お別れ・出棺《しゅっかん》

故人と最後のお別れをし、火葬場に向けて出棺します。

↓22ジペー

▼

火葬（荼毘《だび》）

火葬場の炉前《ろまえ》で読経・唱題をします。

↓23ジペー

逝去後の手続き

①医師に死亡診断書を作ってもらいます。なお「死亡診断書」は葬儀後のさまざまな手続きに必要となるので、役所へ提出する前にコピーを取っておくとよいでしょう。

②死亡届は、逝去後７日以内に、故人の本籍地《ほんせきち》、届け人の住所地、亡くなった場所のいずれかの役所の戸籍課《こせきか》に提出します。その際、故人の氏名や生年月日、死亡した日時、場所、本籍地等が必要となります。

③死亡届の提出は、ほとんど葬儀社が代行してくれます。

④役所に死亡届を提出すると火葬《かそう》に必要な「火葬許可証」が交付されます。この許可証が、納骨《のうこつ》時などに必要な「埋葬《まいそう》許可証」となるので、大切に保管しましょう。

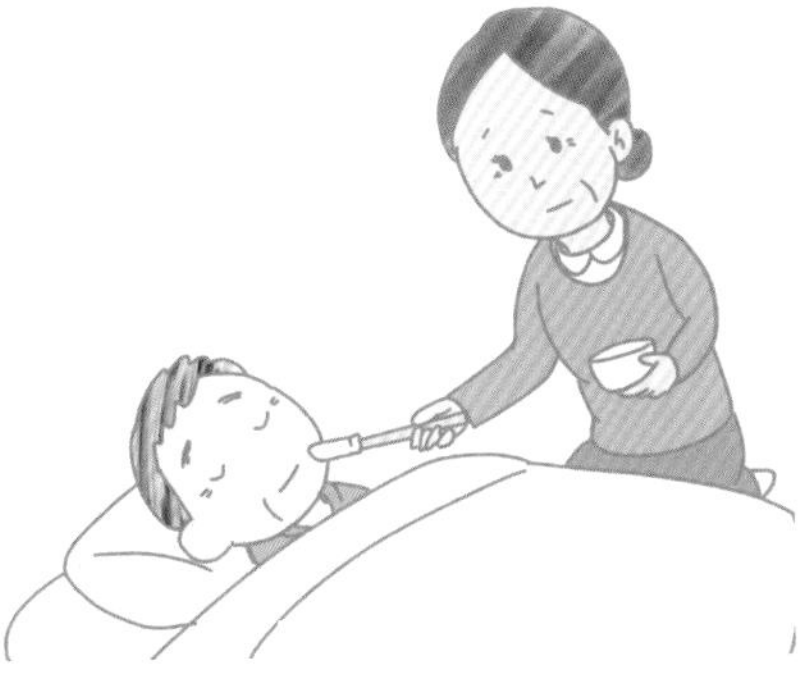

アドバイス

末期《まつご》の水

末期の水とは、臨終を迎えようとする時、その口に含ませる水のことで、死水《しにみず》とも言います。脱脂《だっし》綿《めん》やガーゼ等を水にひたし、唇が軽く潤《うるお》う程度に含ませます。

臨終者とのつながりの深い人から順に行います。

●枕《まくら》 経《ぎょう》

故人を北枕《きたまくら》にします（間取りによっては、その限りではありません）。下図のように経机《きょうづくえ》を用意し、三具足《みつぐそく》（樒《しきみ》・香炉・灯明《とうみょう》）・鈴《りん》を調《ととの》えます。その際、仏壇の扉を閉めます。

枕経は、僧侶を導師としてお迎えし、導師御本尊を奉掲して行います。

枕経については、地域によって異なる場合がありますから、必ず所属寺院にご相談ください。

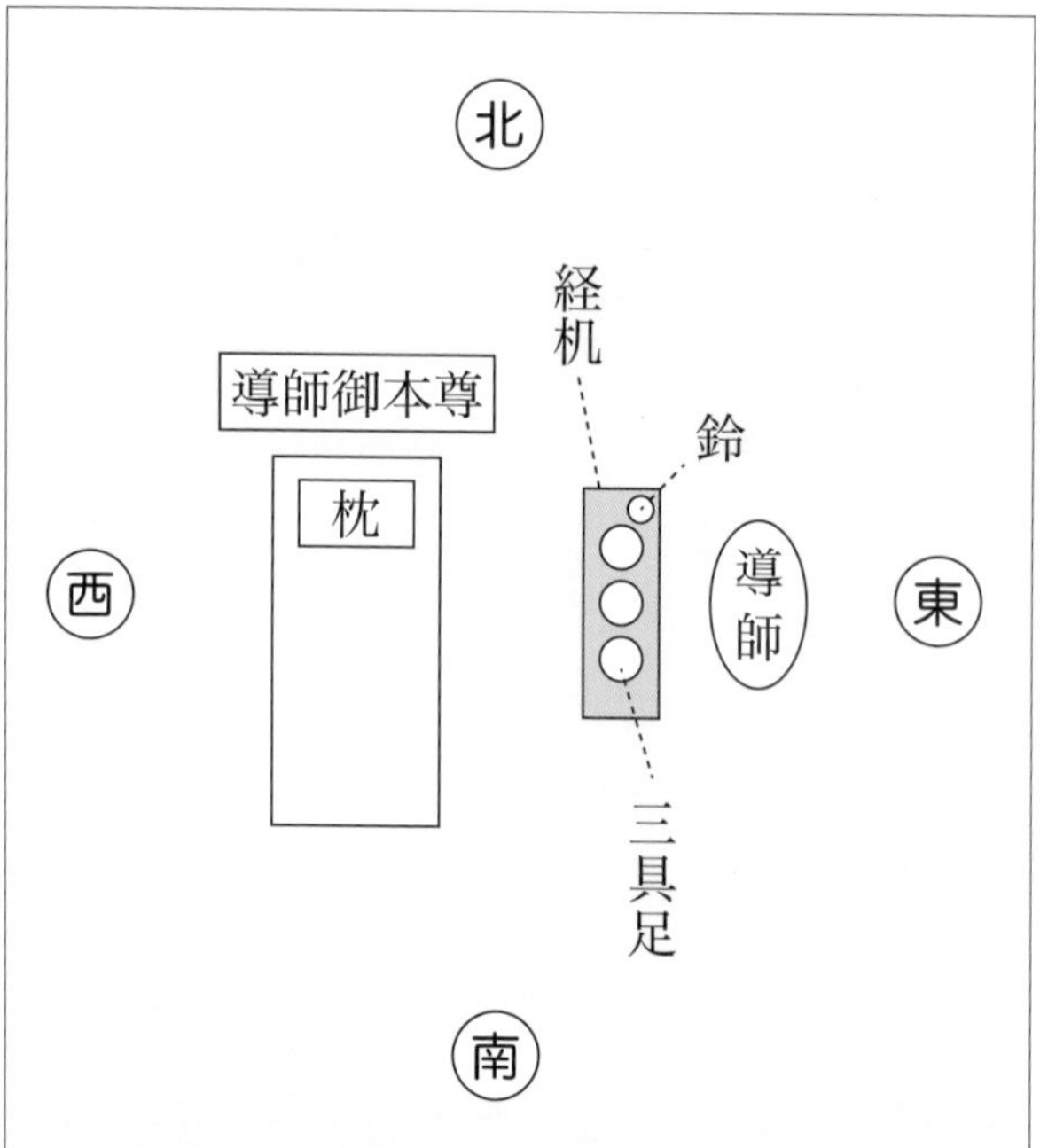

アドバイス

枕 飾 り

枕飾りは、三具足《みつぐそく》に加えて故人のための水、一膳飯《いちぜんめし》、枕団子《まくらだんご》を供えます。

一膳飯は、ご飯茶碗《ちゃわん》にご飯を山盛りにし、箸《はし》をまっすぐに立てたものです。枕団子は、皿などに白い団子を中高《なかだか》に盛ったものです。

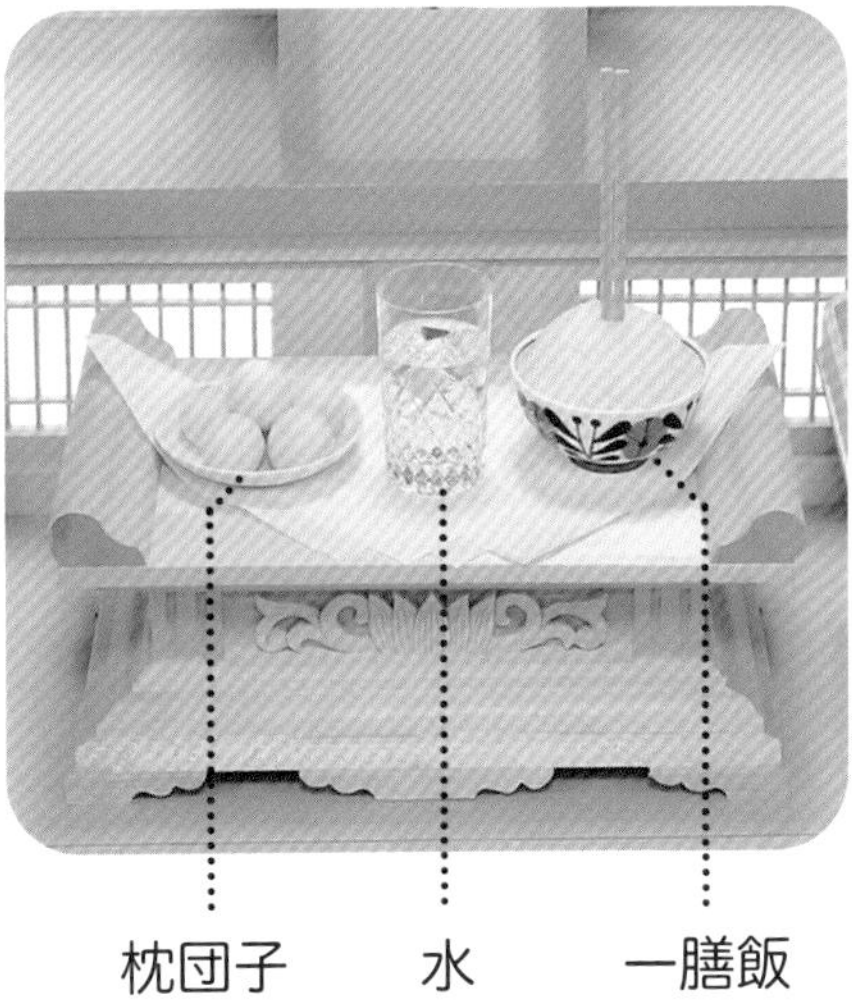

喪主《もしゅ》の決定

喪主は、葬儀のすべてを取りまとめ、菩提《ぼだい》寺の僧侶や弔問《ちょうもん》客への対応など、欠かせない役割を担《にな》います。なるべく早く、喪主を決定することで、葬儀の一切を滞りなく進めることができます。

喪主は、相続人《そうぞくにん》の代表が務めるのが通例ですが、できるだけ入信者が務めると

アドバイス

北 枕

北を頭に遺体を寝かせることを北枕と言います。釈尊《しゃくそん》が、頭を北に向け、右脇《わき》を下にして臥《ふ》せた姿勢で涅槃《ねはん》したことが起源です。

本宗においては、御本尊が南面して御安置される故であるとも拝されます。

部屋の状況等で北枕にできない場合には、それに固執《こしつ》する必要はありません。

よいでしょう。不可能な場合には、願主（信仰上の立場）と喪主（世間的な立場）を分けることもあります。

●日程の決定と寺院への申し込み

火葬場や斎場《さいじょう》（式場）の都合等を確認した上で、所属寺院に葬儀の申し込みに行きます。

申し込みには、故人の名前と年齢、死亡年月日等が必要です。この際、白木《しらき》の位牌《いはい》をお持ちします（葬儀社が届けてくれる場合もあります）。なお、七本塔婆《とうば》や門牌《もんぱい》などは、地域の慣習に従えばよいでしょう。

葬儀と同じ日に、初七日忌の法要を繰り上げて行う場合は、葬儀の申し込みの

アドバイス

故人が未入信の場合

故人が未入信であっても、正法によって回向《えこう》されるならば、必ず故人を即身成仏に導くことができます。

それは、日蓮大聖人の、

「今、日蓮らが故人《こじん》の精霊《しょうりょう》を供養する時に、法華経を読誦《どくじゅ》して南無妙法蓮華経と唱えるならば、題目の光が無間《むけん》地獄に及び、故人を即身成仏《そくしんじょうぶつ》させるのである」

（御義口伝《おんぎくでん》・御書１７２４㌻取意）

とのお言葉にも明らかです。

故人の入信・未入信にかかわらず、妙法による葬儀執行が大事です。

際に塔婆《とうば》の建立を願い出るとよいでしょう。また、通夜・葬儀の際、事情により導師御本尊を一時お貸し下げいただく場合は、喪主が寺院に連絡の上、印鑑を持参して申し込みをします。また、葬儀の御供養をお渡しするタイミングや僧侶の送迎などについても、寺院にお伺いしてください。

いずれにしても葬儀日程等は、寺院と相談の上、決定するように留意してください。

アドバイス

故人のみ本宗信徒の場合

遺族が未入信の場合でも、故人の生前の信心により、本宗で葬儀を執り行うことができます。ただし、総本山第九世日有《にちう》上人は、次のように御指南されています。

「本宗の信徒が亡くなって、子が信心を相続しない場合、葬儀および骨上《こつあ》げまでは執《と》り行ってもよいが、そのあとの法事等を執行してはならない」（化儀抄・聖典９８９ページ取意）

葬儀のあとの法事は、あくまで遺族が願主となって行うものですから、謗法厳誡《ほうぼうげんかい》の本宗では法事の願いを受けることができないのです。したがって、本人が亡くなってからの慌《あわ》ただしいなかであっても、機会を見つけ、故人の信仰を受け継ぐように勧めることが大切です。

肝要なことは、日頃から妙法信仰の大切さを話し合い、法統相続をしておくことです。

湯灌《ゆかん》と納棺《のうかん》

湯灌とは、遺体《いたい》を棺《ひつぎ》に納《おさ》める前に、遺体をお湯で洗い清めることです。今日では近親者の手で、お湯やアルコールを用いて遺体を拭《ふ》くことが一般的となっています。この際、帷子《かたびら》（白麻などで作った単衣《ひとえ》の着物）を着せるのが習わしですが、清潔《せいけつ》な浴衣《ゆかた》などでもよいでしょう。

湯灌のあと、遺族・親族の手により、唱題のうちに納棺をします。その際、故人の手を胸の上で合掌《がっしょう》の形にし、数珠《じゅず》をかけさせます。

祭壇《さいだん》の設置

祭壇は、位牌《いはい》や写真、お供えを載せて、亡くなった方を供養するためのものですが、何より故人の成仏を願う導師《どうし》御本尊を御安置する壇でもあります。ただし、

仏法用語　導師《どうし》御本尊

葬儀の際に奉掲《ほうけい》し、故人《こじん》を即身《そくしん》成仏《じょうぶつ》に導いてくださる御本尊を「導師《どうし》御本尊」と称します。

大聖人は『妙法曼陀羅《まんだら》供養事』に、「この御本尊は、あらゆる仏の師匠であり、すべての人々が成仏する証《あかし》である。冥途《めいど》のともしびであり、死出《しで》の山道では良馬《りょうめ》となる。天の太陽や月の如《ごと》く、地の須弥山《しゅみせん》の如き存在である。生死《しょうじ》の海を渡る船であり、成仏得道の導師である」（御書６８９㌻取意）とご教示されています。

地域の慣習や故人の社会的立場にもよりますが、豪華なものにする必要はありません。
　祭壇を飾る場合は、導師御本尊や位牌が、祭壇のお供えや故人の写真等によって隠れないように注意しましょう。

アドバイス

色花《いろばな》について

　本宗では、常緑樹である樒《しきみ》だけを祭壇にお供《そな》えし、お別れの際にも樒のみを用います。色の変わらない樒は仏様の永遠の命を表し、その香りは邪気《じゃき》を払《はら》い、周囲を清浄《しょうじょう》にするからです。特に、すぐに枯れてしまう色花（生《せい》花《か》）は、はかない移り変わりを意味しますから用いないのです。

　葬儀社にはあらかじめ、樒だけを供える旨を伝えましょう。一般の人から色花を贈られた場合は、必ず寺院に相談してください。

導師の僧侶は大聖人のご名代《みょうだい》

葬儀には、所属寺院より僧侶を導師としてお迎えします。

大聖人は『上野殿御返事』に、

「とにかく、御本尊に身を任せ、どこまでも信じていきなさい。あなたの臨終の時、生と死の中間には、日蓮が必ず迎えにまいるであろう」

（御書一三六一ジペー取意）

とご教示されています。この御文について、総本山第五十九世日亨上人は、僧侶が大聖人のご名代《みょうだい》として葬儀の導師を勤められることが、ただちに大聖人が迎えにきてくださる意義にほかならないとご指南されています。

したがって、導師を大聖人のご名代と心得てお迎えすることが肝要なのです。

導師の控《ひか》え室を準備

式場には、導師が法衣にお着替えできるよう控え室を準備します。

導師が到着されたら控え室に案内し、遺族がご挨拶に伺います。

式の終了後にも、遺族が御礼《おんれい》のご挨拶をします。

通　夜

通夜とは本来、夜通《よどお》し読経・唱題をして故人の成仏を祈ることです。現在では夕刻、導師によって読経・唱題が一時間ほど行われるのが通例です。

通夜の式次は、おおむね下のとおりです。

― 焼香の仕方 ―
左手は胸の前、右手で抹香をつまんで眉間のあたりまで運び、故人を念じて香炉の炭の上に落とします。

式次の一例

一、喪主、親族等着席
一、導師出仕
一、読　経
一、焼　香
（寿量品に入ったら導師、喪主、遺族、親族、会葬者の順に行う）
一、唱　題
一、観念・回向
一、題目三唱
一、導師退座

葬儀

葬儀は通常、通夜の翌日に行います。

葬儀の式次は、おおむね下のとおりです。

式次の一例

一、喪主、親族等着席

一、導師出仕

一、読　経（方便品・寿量品長行《じょうごう》）

一、焼　香

（寿量品に入ったら導師、喪主、遺族、親族、会葬者の順に行う）

一、弔辞・弔電披露

一、読経（自我偈）・唱題

一、観念、引導、回向

一、題目三唱

一、導師退座

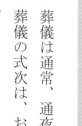

アドバイス

弔辞を読む場合

①弔辞を書く時は、忌《い》み言葉（「死」や「苦しみ」など）に注意する。
②ゆっくり読んで３～５分程度にまとめる。
③故人の人柄や業績を称《たた》える内容、故人が生前《せいぜん》に語っていた言葉や印象的な出来事などを盛り込む。
④遺族への慰《なぐさ》めや故人へのお別れの言葉を添える。
⑤弔辞を読む時は、原稿を胸の高さで持ち、故人に話しかけるようにする。

コラム　a column

◆謗法厳誡《ほうぼうげんかい》と地域の風習

葬儀に関する風習や習慣、しきたりも地域によってさまざまです。

たとえ地域の習慣によって行うことが、仏教の教えによるものでなくても、謗法に当たらなければ用いても構いません。

このことについて、大聖人は『月水御書《がっすい》』に、

「仏法のなかに随方毘尼《ずいほうびに》という戒の法門がある。これは、謗法行為に当たらなければ、少々仏教と異なることがあってもその国の風習にしたがってもよいと、仏は一つの戒を説かれたのである」（御書３０４㌻取意）

とご教示されています。

お別れ・出棺

葬儀が終わり、導師御本尊を奉収したあとに出棺となります。

唱題のうちに、導師、喪主、遺族、親族、会葬者の順に、棺に樒《しきみ》の小枝を入れて故人《こじん》とお別れをします。

なお、葬儀に用いた樒は、そのあと、御本尊にはお供えできません。

アドバイス

葬儀は折伏の場とも

本宗における葬儀は、参列者が正法に基づく厳粛《げんしゅく》な儀式に接したり、故人の安《やす》らかな成仏の相を目《ま》の当たりにすることになります。

遺族・親族は、故人の成仏を願う儀式が、同時に、参列者に妙法の偉大さを知っていただく折伏の場ともなることを心得ましょう。

火葬（茶毘《だび》）

火葬場に到着し、茶毘の準備ができたら、通例として炉前《ろまえ》で読経・焼香・唱題を行います。収骨（骨上げ）の際は、唱題のうちに骨壷に遺骨を収めます。

葬儀後は、自宅の仏壇の横等に精霊台《しょうりょうだい》をしつらえ、遺骨と白木《しらき》の位牌《いはい》を安置し、三具足《みつぐそく》を調《ととの》え、水・ご飯等のお供えをするとよいでしょう。

アドバイス

他宗の葬儀参列について

友人や親戚《しんせき》の葬儀が他宗で行われる場合、参加することに問題はありません。ただし、謗法厳誡の上から十分な配慮を忘れてはいけません。

具体的には、他宗の本尊や位牌に向かって手を合わせるのではなく、遺体に向かって心の中でお題目を唱え、成仏を祈り、焼香をするとよいでしょう。

まめまめ知識

葬儀と告別式

現在では、葬儀と告別式を兼ねる場合が多くなっています。

もともと葬儀とは、御本尊に故人の即身成仏を祈る信仰上の儀式であり、告別式は、縁のあった方々が、故人とお別れをする儀式です。

たとえお別れ会のような場合でも、本宗の化儀《けぎ》に反しないように注意しましょう。

葬儀後の法事
― 法要と塔婆供養 ―

葬儀のあとは、初七日忌より七七日忌（四十九日忌）まで、七日ごとに追善供養をします。

一般的には、初七日忌と七七日忌（または五七日忌）には親族が集《つど》い、寺院で行うか、自宅などに僧侶を迎えて、法事を営《いとな》みます。そのほかの二七日忌、三七日忌等は、遺族だけでも寺院に参詣し、塔婆を建立して供養をします。

法事は、故人《こじん》の忌日に行うことが基本ですが、都合のつかない場合は、繰り上げて行うとよいでしょう。

自宅で法事を営む場合は、御本尊に仏《ぶっ》供《く》（仏飯《ぶっぱん》）と御造酒《おみき》・菓子・季節の果物等をお供えします。精霊《しょうりょう》用のお膳を用意して、精進《しょうじん》料理をお供えするのもよいでしょう。

お膳の一例

付録

忌日・年回忌の一覧

名　称	法要の年月日	内　容
初七日忌	亡くなった日を入れて７日目	親族が集い、寺院または自宅で法事を行う（葬儀当日に行うこともある）
二七日忌	１４日目	遺族だけでも、寺院に参詣して塔婆を建立し、供養する
三七日忌	２１日目	
四七日忌	２８日目	
五七日忌（三十五日）	３５日目	
六七日忌	４２日目	
七七日忌（四十九日）	４９日目	親族が集い、寺院または自宅で法事を行う。納骨は七七日忌に合わせて行う場合が多い
百箇日忌	100日目	遺族だけでも、寺院に参詣して塔婆を建立し、墓参をする
一周忌	死後満１年	親族が集い、寺院または自宅で法事を行い、墓参をする
三回忌	以降は亡くなった年も入れて数える	
七回忌		
十三回忌		
十七回忌		
二十三回忌		
二十七回忌		
三十三回忌		
五十回忌		

＊上記以外の年は、祥月命日忌として塔婆供養を行う
＊初盆（新盆）の供養は、寺院に相談して行う

位牌《いはい》の取り扱い

位牌の起源は、中国において、葬儀の際に故人の世間的地位を知らせるため、葬列の先頭で官位・姓名を書いた札を捧《ささ》げ歩いたことにあるとされています。

現在、日本では、葬儀の時に白木の位牌に戒名、俗名、死亡年月日、年齢を記して祭壇に安置します。これは、授けた戒名で回向をするためと、参列者に戒名などを披露する習わしといえます。

したがって、位牌に死者の魂が宿っていると考え、それに執着するのは誤りです。また、御本尊に替わる礼拝《らいはい》の対象ともならないことは当然です。

本宗では、葬儀に際し、所属寺院の御住職・御主管がお題目と戒名を認《したた》めた白木の位牌を祭壇に安置します。

通夜・葬儀を通じて、導師御本尊を奉掲して読経・唱題し、戒名で回向していただくことによって、故人の生命は、三大秘法の御本尊に帰入《きにゅう》して、安穏《あんのん》な成仏の境界《きょうがい》に住するのです。

そのことを、大聖人は、

「亡くなった阿仏房《あぶつぼう》は今、宝塔《ほうとう》の内に東向きにおられると日蓮は見ている」（千日尼《せんにちあま》御返事・御書一四七五ページ取意）と仰せられています。

位牌は、五七日忌（三十五日忌）、あるいは七七日忌（四十九日忌）の法要が終わって納骨したあと寺院に納め、自宅の過去帳《かこちょう》に戒名を記載していただきます。世間で目にする、黒地に金文字の位牌に改める必要はありません。

アドバイス

過去帳の申し込み

御本尊が安置《あんち》されている家庭には、過去帳を必ず備えます。

過去帳をつくる場合は、所属寺院に申し出ます。その際、過去帳に記入したい人の俗《ぞく》名《みょう》・戒名《かいみょう》、死亡年月日、享年《きょうねん》、願主から見た続柄が必要となりますので、あらかじめ控《ひか》えておきましょう。

追記する場合も、必ず寺院に願い出ます。

コラム　a column

◆戒　名

戒名は法名《ほうみょう》とも称します。本来、仏法に帰依《きえ》した時に授《さず》けられるのですが、今日では、死後、葬儀に当たって授けられるのが一般的となっています。

他宗では、布施《ふせ》の多寡《たか》などによって戒名が決められるようですが、本宗では、あくまで故人の信心状態などにもとづいて授けられます。

故人の追善供養をする時には、戒名によって行います。

納骨

葬儀後、墓地または納骨堂などに遺骨を納めますが、五七日忌や七七日忌の法要に合わせて行うことが多いようです。地域によっては、葬儀当日に行う場合もあります。

納骨の際、僧侶の導師によって読経・唱題を行いますので、あらかじめ日時等を寺院に相談してください。また、墓地管理事務所や石材店などへの連絡が必要な場合があります。

現在、遺骨を納める墓地がない場合は、一周忌を目安として購入する方が多いようです。その間、寺院で一時預かりをお

コラム　a column

◆墓所《むしょ》の意義

法華経如来神力品第二十一には、
「当《まさ》に知《し》るべし、是《こ》の処《ところ》は即《すなわ》ち是《こ》れ道場なり」
（法華経５１４㌻）
と説かれています。

つまり、法華経の行者が修行する所は、どこであっても道場であるとの意味です。このことから、本宗のお題目が刻まれたお墓も、そこが故人の即身成仏のための道場と言えるのです。

世間では、墓相などと言って、墓の向きや形状、造り方などについてさまざまな迷信がありますが、本宗の化儀に則《のっと》ったお墓であれば、まったく気にする必要はありません。

願いすることができます。

詳《くわ》しいことは、寺院にお尋《たず》ねください。

題目の染筆・墓石の開眼供養

墓石には、御住職・御主管に認《したた》めていただいた題目を刻みます。したがって、墓石建立の際は、必ず題目の染筆《せんぴつ》を所属寺院に願い出ましょう。

なお、寺院を通して御法主上人に御染筆を願い出ることもできます。

石材店に依頼し、トレーシングペーパー・薄様《うすよう》などを墓石の大きさに切ってもらい、二〜三枚程度を所属寺院に持参します。

寺院より題目の染筆が下付《かふ》されたならば、それを石材店で竿石《さおいし》に刻んでもらい、紙は墓石建立後、寺院に納めます。

墓石の完成後は、僧侶による開眼供養を行います。同時に、埋葬（納骨）も行うことができます。

なお、墓石の題目の上には、家紋や「〇〇家之墓」などの文字を刻んではいけません。

墓誌と塔婆立て

墓石の横に、埋葬されている遺骨の戒名・俗名・死亡年月日・享年《きょうねん》を記した墓《ぼ》誌《し》（石板）を建てる場合もあります。

墓誌を建てない場合は、故人の戒名などを墓石の横面に記します。また、墓石の後方等に塔婆立てを設置するとよいでしょう。

他宗寺院に墓がある場合は、所属寺院にご相談ください。

墓石の一例

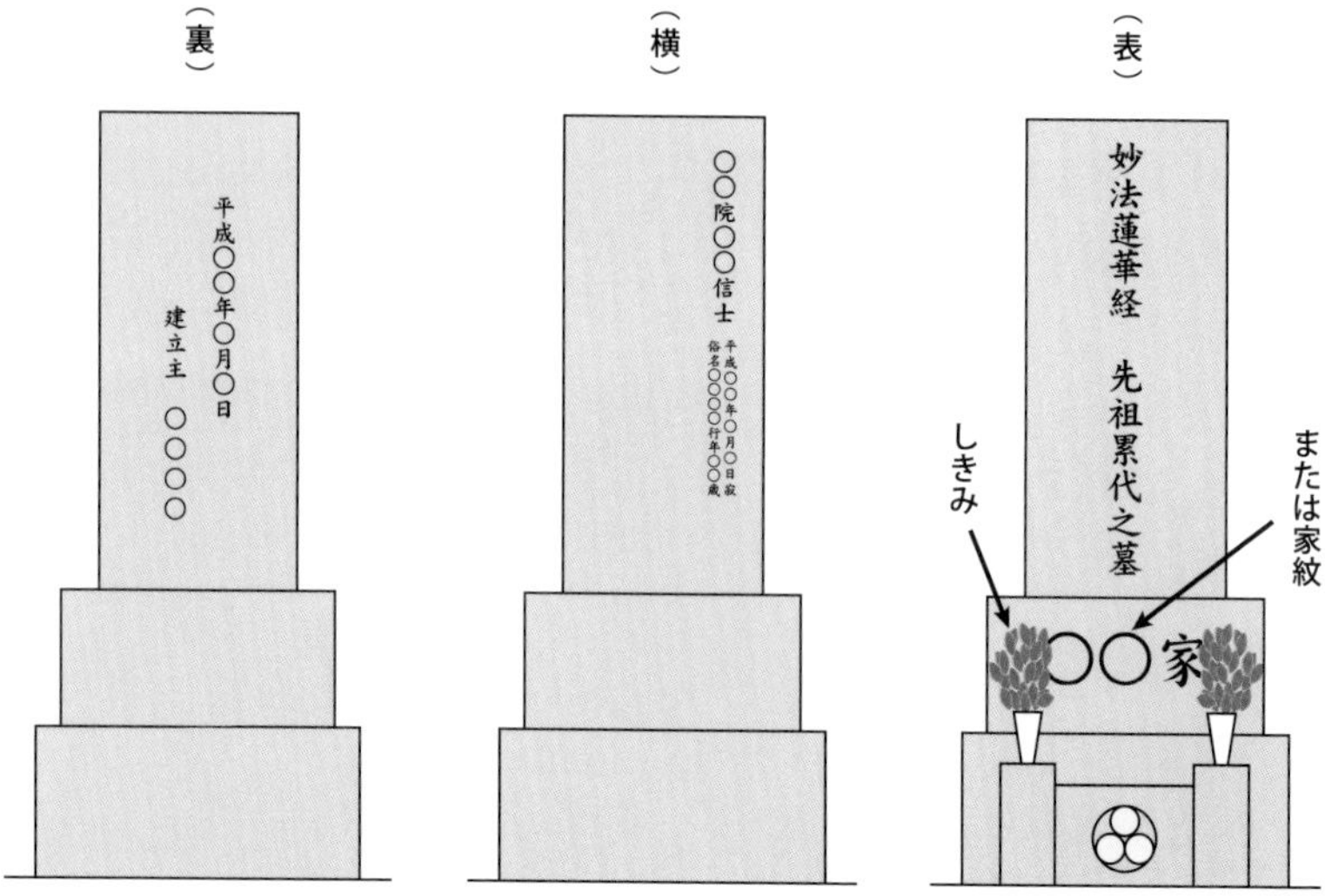

三師塔（総本山大石寺）

アドバイス

墓参の心得

墓参の際には直接、墓地に行くのではなく、まず寺院に参詣し、御宝前《ごほうぜん》のかたわらに塔婆を建立して、僧侶の読経、回向《えこう》を終えてから、その塔婆を持ってお参りするよう心掛けましょう。

第九世日有《にちう》上人は「三師塔（宗祖日蓮大聖人・第二祖日《にっ》興《こう》上人・第三祖日目《にちもく》上人の五輪塔）が建立されている墓地にお参りする際は、師弟相対の法義にもとづき、まず三師塔へお参りし、そのあとに有縁のお墓参りをすべきである」と御指南されています。

墓所《むしょ》では、方便品・自我偈を読み、お題目を唱えます。

墓参の焼香は、読経の前に火のついた線香を配っておき、読経・唱題中に、導師、親族、一般参列者の順で香炉に供えるとよいでしょう。

法　事

法事とは、故人《こじん》の忌日や年忌《ねんき》等の際、寺院に願い出て営《いとな》む法要を言います。

本宗では、御本尊の御宝前《ごほうぜん》のかたわらに塔婆《とうば》を建立《こんりゅう》し、僧侶の導師のもとに読経《どきょう》・焼香《しょうこう》・唱題をして、故人の追善回向《えこう》をします。

法事には、寺院で行う場合と、自宅等で行う場合があります。いずれにしても、御本尊が安置していない所では修することができないので留意しましょう。

日蓮大聖人は、

「他人《ひと》の不成仏は、自分の不成仏である。他人の成仏は、自分の成仏である」

（一代聖教大意・御書九五㌻取意）

と仰せられています。たとえ他人であっても、その成仏を願うことが自分の成仏につながるということです。

まして、自分がお世話になり、恩のある方々が亡くなったあと、成仏を願い、追善供養を行うのは、自然なことと言えます。

特に生前、妙法に縁することなく亡くなった方が苦悩から離れるためには、正法による追善供養を営んであげるほかはありません。

大聖人は『四条金吾殿御書』に、

「父母が地獄・餓鬼《がき》・畜生《ちくしょう》の境界《きょうがい》に堕《お》ちて苦しみを受けているのに弔《とむら》わず、自分は豊富な衣服や飲み物・食べ物に囲まれ、思い通りの生活をしている状況を、どれほど父母はうらやみ恨《うら》まれることだろうか」(同四七〇ページ取意)

と誡《いまし》められています。

故人は、私たちの正法による追善供養をひたすら心待ちにしているのです。

法事の申し込み

法事は、喪主を務めた人が願主となって、寺院または自宅で行います。親族や知人などを招いて法事を行う場合は、早めに準備をします。二カ月ほど前には寺院に連絡をして、日時などを決めるとよいでしょう。

本来、回忌法要は故人の亡くなった日（祥月《しょうつき》命日）に行いますが、現在では参列者の集まりやすい休日を選ぶことが多いようです。その場合には、祥月命日よりも前に行うようにします。

法事の流れ

法事はおおむね、次のように進められます。

読経・焼香・唱題・挨拶（法話）

寿量品に入ったら、僧侶の合図で願主から焼香を始めます。

焼香は、まず御宝前《ごほうぜん》に向かい合掌《がっしょう》一礼してから精霊台《しょうりょうだい》に向きを変え、合掌一礼します。その後、左手は胸の前、右手で抹香《まっこう》をつまんで眉間《みけん》のあたりまで運び、故人を念じて香炉の炭の上に落とします（19ページを参照）。これを三回繰り返したのち、合掌一礼します。再び御宝前に向きを変え、合掌一礼して席に戻ります。

読経・唱題後は、僧侶の挨拶《あいさつ》（法話）と続き、それが終わると僧侶は退座します。そののち、塔婆を持って墓参に行き、僧侶の導師による読経、唱題のうちに線香を供えます。

法事の流れ

僧侶の導師により読経

↓

寿量品に入ったら、導師、願主、参列者の順で焼香

↓

唱題ののち、導師による回向

↓

挨拶・法話

↓

墓　参

↓

会　食

アドバイス

法事で用意するもの

法事を修する場合、次のようなものを用意します。

- 事前に塔婆の申し込みを済ませる
- お供え物として、果物やお菓子、御造酒《おみき》等を用意する
- 寺院への御供養
- 参列者への引き物を出す場合、その用意をする

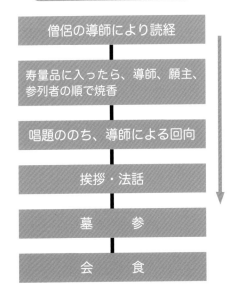

忌日・年回忌《ねんかいき》と法事の次第

故人の忌日は、初七日忌より七七日忌（四十九日忌）までは七日ごとであり、また逝去《せいきょ》から百日目は百箇日《ひゃっかにち》忌となります。これらの忌日には、寺院に参詣《さんけい》して塔婆《とうば》を建立《こんりゅう》し、追善回向《ついぜんえこう》をします。

これらのなかで、初七日忌と七七日忌（または五七日忌）の二回は、親族が集《つど》い、寺院に参詣するか、自宅に僧侶をお迎えして法事を営むことが一般的となっています。

年忌には、一周忌・三回忌・七回忌・十三回忌・十七回忌・二十三回忌・二十七回忌・三十三回忌・五十回忌等がありま す（忌日・年回忌一覧は25ページを参照）。

私たちは、父母・先祖に対する報恩《ほうおん》を怠《おこた》る不孝者とならないよう、先祖の忌日・年回忌等には真心《まごころ》を込めて法事を営《いとな》み、追善供養を行いましょう。

このことについて大聖人は、

「心の及ぶかぎり、追善供養に励みなさい」（上野殿後家尼《ごけあま》御返事・御書三三八ページ取意）

とご教示されています。

塔婆供養

私たちは、お彼岸《ひがん》やお盆《ぼん》、あるいは故人の命日などに寺院へ参詣し、塔婆を建立して追善供養を行っています。

この塔婆供養により、故人はもちろんのこと、供養した人も計《はか》り知れない功徳《くどく》を受けることが、多くの仏典に説かれています。

大聖人は、塔婆供養の功徳について、「塔婆を建立し、その表に題目を書きあらわしなさい。北風が吹けば南海の魚たち、東風が吹けば西山の鳥鹿《ちょうろく》たち、それぞれが風に触れてたちまちに苦悩を離れ、畜生道をのがれて天上に生まれるであろう。まして塔婆建立を喜び、手に触れ、目にする人の功徳の大きさは言うまでもない。亡《な》き父母も塔婆の功徳によって、太陽や月のように明るく浄土を照らされ、孝養の人であるあなたと家族は、寿命を百二十年たもち、亡くなったあとは父母と共に霊山《りょうぜん》浄土に赴《おもむ》かれるであろう」

(中興《なかおき》入道御消息・御書一四三四ジペー取意)

と仰せられています。

焼香する参詣者(大石寺六壷)

このように御本尊のもと、題目を認《したた》めた塔婆を建立して故人の追善供養をするならば、故人はその功徳によって成仏の境界《きょうがい》に至り、また供養した人とその家族は、今生《こんじょう》に長寿をたもち、必ず即身成仏の大功徳を享受《きょうじゅ》することができるのです。のみならず、願主がまったく縁がないと思われる衆生にまで大きな功徳を施すことになるのです。

私たちは、塔婆供養が最も勝《すぐ》れ、最も尊い追善供養であることを忘れることなく、忌日・年回忌・墓参などの際はもとより、お盆やお彼岸など、折々に真心を込めて塔婆を建立してまいりましょう。

コラム　a column

◆塔婆の起源と伝来

塔婆は、仏塔（仏を供養する塔）を意味する梵語《ぼんご》・ストゥーパを音写した「卒塔婆《そとば》」のことで、方墳《ほうふん》・霊廟《れいびょう》などと訳されます。

塔婆の歴史は古く、古代インド・マウリヤ朝の第３代・阿育王《あいくおう》の時代である紀元前２７０年ごろには、すでにその原型が造立《ぞうりゅう》されています。

塔婆はもともと、仏を供養するために大きく土を盛り上げて、そこに仏舎利《ぶっしゃり》や経巻を安置《あんち》したものでした。中国を経て日本に伝わるなかで、三重塔や五重塔、さらに五輪の石塔《せきとう》、角《かく》塔婆、板《いた》塔婆と形を変えながら、故人の供養のために建立《こんりゅう》するようになりました。

コラム　a column

◆塔婆の形体と意義

　塔婆は、下から四角・円・三角・半円・如意宝珠（にょいほうじゅ）の形の順に重ねられています。これは宇宙法界の森羅万象（しんらばんしょう）を構成する地・水・火・風・空（ち・すい・か・ふう・くう）の五大（五輪）を表しています。

　この五大はそのまま、妙法蓮華経の五字を意味しています。

　そのことを、大聖人は、

「地水火風空、これはすなわち妙法蓮華経の五字である」

　　　　　　　　　（総勘文抄（そうかんもんしょう）・御書１４１８ジ゙ー取意）

と明確に仰せられています。

宝珠形（空）（ほうじゅけい・くう）　妙

半円形（風）（ふう）　法

三角形（火）（か）　蓮

円　形（水）（すい）　華

四角形（地）（ち）　経

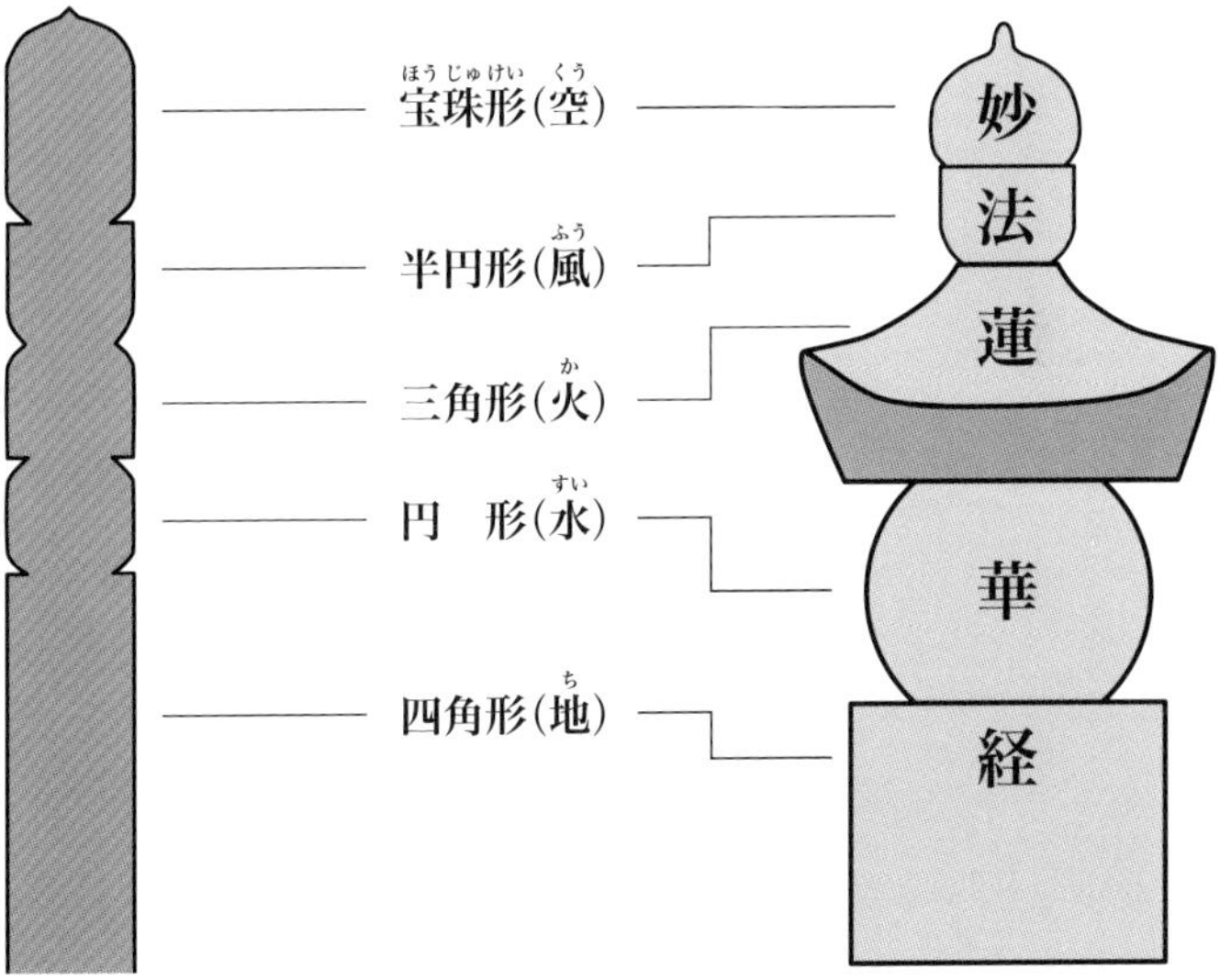

板塔婆　　　　　五輪塔

日蓮正宗の葬儀と法事

令和４年４月２８日　初版発行
令和４年１０月１日　第２刷発行

発行所 ―― 株式会社 大日蓮出版
〒418 - 0116
静岡県富士宮市上条546番地の1

http://www.dainichiren.com
（弊社の出版物についてご覧になれます）

印刷所 ―― 図書印刷株式会社

ISBN978-4-910458-08-3